„AM ARSCH"

muss sich keiner fühlen

Tips und Hinweise zu

Aussage- und Zeugnisverweigerungsrecht
Bußgeldbescheid
Hausdurchsuchung - Ordnungswidrigkeit
Polizeikontrolle - Richterliche Unterschrift
Versammlungsrecht - Vorladung

Bibliografische Information der Deutschen Nationalbibliothek:
Die Deutsche Nationalbibliothek verzeichnet diese Publikation in der Deutschen Nationalbibliografie; detaillierte bibliografische Daten sind im Internet über dnb.dnb.de abrufbar.

© 2016 Müller | Meier | Schulze | Schmidt

Herstellung und Verlag:
BoD – Books on Demand, Norderstedt

ISBN: 9783741210372

Hinweis

Die Inhalte dieses Buches sind sorgsam recherchiert und beschrieben. Dennoch ersetzen sie keine Rechtsberatung durch einen Rechtsanwalt.

Auch ist es nicht möglich, alle Fallkonstellationen in diesem Praktikerhandbuch zu berücksichtigen.

Wir geben lediglich einen Überblick über die aus unserer Sicht wichtigsten Verhaltensregeln, die grundsätzlich beachtet werden sollten.

Inhalt

1. Aussage- und Zeugnisverweigerung   5

2. Bußgeldbescheid   13

3. Hausdurchsuchung   27

4. Ordnungswidrigkeit   43

5. Polizeikontrolle   50

6. Richterliche Unterschrift   63

7. Versammlungsrecht   68

8. Vorladung   81

9. Ratschläge für die Krise   89

Vorwort

Diese kleine Broschüre ist keine Aufforderung zum Widerstand oder zur Revolution.

Sie soll mit ein paar Irrtümern aufräumen und ein wenig Licht in das Dunkel von Anordnungen, Verordnungen und Bescheiden bringen.

Der Leser findet hier Tipps und Anregungen um seine Rechte wahrzunehmen und sich selbst Sicherheit im direkten Umgang mit behördlichen Maßnahmen zu verschaffen.

Auch die Staatsgewalt handelt nicht immer rechtssicher. Also kommt es dem gegenseitigen Miteinander zu Gute, wenn auch der Bürger einige Grundregeln für den gemeinsamen Umgang kennt.

Mit dem Ziel eines stressfreien Umgangs mit Behörden und der Obacht, nicht in einen rechtsfreien Raum oder einen Rechtsbruch zu geraten, ist diese Broschüre entstanden.

1.

Aussage- & Zeugnisverweigerung

Das Aussageverweigerungsrecht ist das Recht eines Beschuldigten, im Ermittlungs- oder Strafverfahren keine Angaben zu einer vorgeworfenen Tat machen zu müssen. Davon ist das Zeugnisverweigerungsrecht von Zeugen zu unterscheiden, auf das sich Zeugen nur unter bestimmten Umständen berufen dürfen. Eines gleich vorweg: Der Verzicht als Beschuldigter auf das Aussageverweigerungsrecht stellt in den meisten Fällen keinen Vorteil dar, sondern wirkt sich ohne gründliche rechtliche Beratung oft sogar negativ für den Betroffenen aus.

Nach § 136 und § 163a der Strafprozessordnung (StPO) muss dem Beschuldigten vor Beginn seiner ersten Vernehmung mitgeteilt werden, welche Tat ihm zur Last gelegt wird. Er ist darauf hinzuweisen, "dass es ihm nach dem Gesetz freisteht, sich zu der Beschuldigung zu äußern oder nicht auszusagen".

Auf dieses Recht darf sich ein Beschuldigter schon bei der ersten polizeilichen Anhörung zur vorgeworfenen Tat berufen (§ 163a Abs. 4 Satz 2 StPO).

Er ist ebenfalls darüber aufzuklären, dass er zu seiner Entlastung selbst einzelne Beweiserhebungen beantragen kann. Unter Beweiserhebung versteht man in diesem Zusammenhang die Aufforderung an die ermittelnde Behörde, entlastende eigene Behauptungen zu überprüfen.

Bei Vernehmungen durch die Staatsanwaltschaft muss zudem ausgeführt werden, welche Strafvorschriften als Grundlage für den konkreten Vorwurf in Betracht kommen.

Nach § 243 Abs. 4 Satz 1 StPO ist der Beschuldigte zu Prozessbeginn erneut auch dann auf sein Aussageverweigerungsrecht hinzuweisen, wenn er bereits, etwa durch Polizei und/oder Staatsanwaltschaft, darüber belehrt wurde.

Verstöße der Strafverfolgungsbehörden gegen diese Vorschriften können dazu führen, dass Aussagen nicht verwendet werden dürfen.

In Ergänzung dazu gibt es das Aussageverweigerungsrecht von Zeugen hinsichtlich der Fragen, deren Beantwortung den Zeugen oder einen nahen Angehörigen der Gefahr einer eigenen Strafverfolgung aussetzen würde (§ 55 StPO) oder zwänge, gegen Nahestehende auszusagen.

Schweigerecht des Zeugen (Zeugnisverweigerungsrecht)

Ein Zeuge darf seine Aussage vollständig oder teilweise verweigern, wenn er

- mit dem Beschuldigten verlobt ist oder sein (auch ehemaliger) Ehegatten oder Lebenspartner ist,

- mit der beschuldigten Person verwandt oder verschwägert ist.

Diese Zeugen sollen durch das Zeugnisverweigerungsrecht davor geschützt werden, eine ihnen nahestehende Person belasten zu müssen, § 52 StPO.

Es gibt außer persönlichen und verwandtschaftlichen Gründen auch ein Zeugnisverweigerungsrecht aus beruflichen Gründen:

Rechtsanwälte des Beschuldigten, sein Steuerberater, seine Ärzte, psychologischen Fachkräfte und Seelsorger oder Geistliche dürfen eine Zeugenaussage ebenfalls vollständig oder teilweise verweigern (§ 53 StPO). Rechtsanwälte des Beschuldigten müssen dies sogar, wenn ihr Mandant nicht einer Aussage zustimmt. Verstoßen sie dagegen, machen sie sich selbst strafbar wegen Verstoßes gegen die anwaltliche Schweigepflicht.

Der Zeuge, der sich auf sein Recht zur Aussageverweigerung berufen will, muss dies deutlich zum Ausdruck bringen und den Grund angeben (z. B.: „Ich bin der Verlobte der Beschuldigten"). Nach den

Gründen für die Verweigerung darf er nicht weiter befragt werden. Die Inanspruchnahme dieses Rechts darf nicht gegen den Zeugen verwendet werden.

Bezweifelt das Gericht einen berechtigten Grund für die Aussageverweigerung, muss der Zeuge den Grund „glaubhaft" machen (§ 56 StPO), also entweder eidlich versichern oder beispielsweise mit Fotos oder Briefen belegen, mit dem Beschuldigten verlobt zu sein.

Aussageverweigerungsrecht

Das Aussageverweigerungsrecht gilt in der Regel nur für den Beschuldigten im Strafverfahren. Ermittelt die Staatsanwaltschaft und die Polizei gegen eine Person, so muss diese grundsätzlich (!) keine Aussage machen.

Frage immer (jedes Mal) beim ersten Kontakt (auch durch den Polizeibeamten an Deiner Wohnungstür oder im Straßenverkehr):

„Warum befragen Sie mich?
Als was befragen Sie mich?
Als Zeuge oder als Beschuldigter?"

Jeder Verdächtige einer Straftat hat das Recht, zu schweigen und <u>zu lügen</u>. Dieses Recht gilt immer und überall. Bei der Lüge muss nur vermieden werden, Dritte unberechtigt eines rechtswidrigen Handelns zu bezichtigen, weil man sich sonst strafbar macht.

Allen Behörden gegenüber müssen immer nur die in § 111 OWiG genannten Angaben gemacht werden: Vollständiger Name und Geburtsname, Geburtstag, Geburtsort, Familienstand, Beruf, Wohnanschrift und Staatsangehörigkeit. Nur diese Angaben sind Pflichtangaben gegenüber jeder Behörde in Deutschland, darüber hinaus besteht das Recht der Aussageverweigerung. Dies gilt für Befragungen durch die Polizei, die Staatsanwaltschaft und das Gericht (nachzulesen z. B. § 243 V StPO), also alle mit Strafrecht befassten Behörden.

Einer Ladung der Polizei zur Befragung muss der Verdächtige einer Straftat grundsätzlich nicht Folge leisten, er muss überhaupt nicht reagieren. Der Ladung durch die Staatsanwaltschaft sollte besser nachgekommen werden, weil der Staatsanwalt andernfalls die zwangsweise Vorführung anordnen darf. (Zeugen sind sogar gesetzlich verpflichtet, zu erscheinen, § 161a StPO, dürfen aber ggf. ebenfalls die Aussage verweigern, siehe oben Zeugnisverweigerungsrecht).

Für Verdächtige gilt: Sie müssen nur die oben genannten Angaben zur eigenen Person machen. Für Verdächtige einer Straftat ist es ratsam, immer die Aussage zu verweigern. Die Begleitung eines Strafverteidigers ist in jedem Fall zu empfehlen, wenn man zur Klärung der Angelegenheit unbedingt (nach Abstimmung mit dem Rechtsanwalt) aussagen will. Es kann nach Erhalt einer Ladung auch sinnvoll sein, mit dem Staatsanwalt zu telefonieren und ihm mitzuteilen, dass man die Aussage verweigern wird. Oft verzichtet die Staatsanwaltschaft dann auf die Vorladung und man erspart sich weiteren Ärger. Lässt man sich von einem Rechtsanwalt vertreten, wird er auch diesen Anruf tätigen.

Es gibt das Gerücht, ein Zeuge oder Beschuldigter könne bei Aussageverweigerung in Beugehaft genommen werden. Beugehaft oder richtig Erzwingungshaft, kann nur das Gericht in einem Gerichtsverfahren gegen einen Zeugen anordnen, der kein Recht zur Aussageverweigerung hat, sich aber trotzdem vor dem Gericht weigert, auszusagen (§ 70 StPO).

2.

Bußgeldbescheid

Ein Bußgeld wird gegen denjenigen verhängt, der eine Ordnungswidrigkeit begangen hat. Eine Ordnungswidrigkeit ist eine rechtswidrige und vorwerfbare Handlung, die nach einem Gesetz mit einer Geldbuße geahndet werden kann.

Eine Stufe unter dem Bußgeldverfahren ist, insbesondere im Straßenverkehrsbereich, die kostenpflichtige Verwarnung angesiedelt (Im Volksmund Knöllchen genannt). Wann es bei einer Verwarnung bleibt und wann jedoch bereits ein Bußgeldverfahren einzuleiten ist, kann man insbesondere zum Straßenverkehrsrecht gut in Online-Katalogen nachlesen.

Verwarnungsgelder

Verwarnungsgelder werden v.a. bei Verkehrsverstößen im Bereich des sog. ruhenden Verkehrs ausgesprochen (z.B. falsches Parken). Die Höhe der Verwarnungsgelder richtet sich nach der begangenen Verkehrsordnungswidrigkeit. Sie ist in Verwarnungs- und Bußgeldkatalogen zum Straßenverkehrsrecht festgelegt. Der Verkehrsverstoß wird in einem mobilen Datengerät festgehalten; nach etwa 14 Tagen ergeht von der Behörde einen entsprechenden Verwarnungsgeldbescheid.

Ordnungswidrigkeiten

Ordnungswidrigkeiten sind in vielen Bereichen des Öffentlichen Rechts geregelt. Sie sind keine Straftaten, sollen aber gegenüber dem Bürger auch eine erzieherische Wirkung haben, ihn also zukünftig von dem vorgeworfenen Verhalten abhalten. Grundlage ist das Gesetz über Ordnungswidrigkeiten, kurz: OWiG.

Bevor eine Ordnungswidrigkeit geahndet wird, wird der Betroffene angehört (rechtliches Gehör wird gewährt), was in der Regel zunächst schriftlich erfolgt. Das heißt, der Betroffenen kann sich zu dem

Vorwurf äußern oder es sein lassen. Nach der Anhörung, auch der eventuell benannter Zeugen, wird dann entschieden, ob und in welcher Höhe das Bußgeld festgesetzt wird oder ob das Verfahren einzustellen ist.

Der Bußgeldbescheid und das Bußgeldverfahren sind mit der Zahlung der Geldbuße und festgelegter Nebenfolgen „vorläufig" abgeschlossen. Der Bußgeldbescheid verhindert eine strafrechtliche Verfolgung.

Der Bußgeldbescheid muss Hinweise darauf enthalten, dass er rechtskräftig und vollstreckbar wird, wenn kein Einspruch nach § 67 OWiG eingelegt wird.

Ein Einspruch kann allerdings auch eine für den Betroffenen nachteilige Entscheidung nach sich ziehen.

Die erlassende Behörde muss den Betroffenen weiterhin darauf hinweisen, dass er spätestens zwei Wochen nach Rechtskraft oder einer etwa bestimmten späteren Fälligkeit (§ 18 OWiG) die Geldbuße oder die festgelegten Teilbeträge an die zuständige Kasse zu zahlen hat oder im Falle seiner Zahlungsunfähigkeit der Vollstreckungsbehörde (§ 92 OWiG) schriftlich oder zur Niederschrift darlegen muss, warum ihm die fristgemäße Zahlung nach seinen wirtschaftlichen Verhältnissen nicht zuzumuten ist. ACHTUNG: Es kann Erzwingungshaft (§ 96 OWiG) angeordnet werden, wenn weder gezahlt noch die Zahlungsunfähigkeit mitgeteilt wird.

§ 33 OWiG besagt,

dass die Verjährung (3 Monate) unterbrochen, also angehalten wird …

… mit der ersten Vernehmung des Betroffenen oder/und der Eröffnung des Ermittlungsverfahrens gegen ihn oder/und durch die Anordnung zur Vernehmung oder deren Bekanntgabe,

… mit jeder richterlichen Vernehmung des Betroffenen oder/und die eines Zeugen oder/und mit der Anordnung dieser Vernehmung,

…mit der Beauftragung eines Sachverständigen durch die Verfolgungsbehörde oder eines Richters,

… mit der Beschlagnahme- oder/und Durchsuchungsanordnung der Verfolgungsbehörde oder des Richters und richterliche Entscheidungen, welche diese aufrechterhalten,

… mit der vorläufigen Einstellung des Verfahrens wegen Abwesenheit des Betroffenen durch die Verfolgungsbehörde oder den Richter, sowie jede Anordnung der Verfolgungsbehörde oder des Richters, die nach einer Einstellung des Verfahrens zur Ermittlung des Aufenthalts des Betroffenen oder zur Sicherung von Beweisen ergeht,

… mit dem Ersuchen der Verfolgungsbehörde oder des Richters, eine Untersuchungshandlung im Ausland vorzunehmen,

... mit einer gesetzlich bestimmten Anhörung einer anderen Behörde durch die Verfolgungsbehörde vor Abschluss der Ermittlungen,

... mit der Abgabe der Sache durch die Staatsanwaltschaft an die Verwaltungsbehörde nach § 43,

... mit dem Erlass des Bußgeldbescheides, wenn er binnen zwei Wochen zugestellt ist, ansonsten durch die Zustellung,

... mit dem Eingang der Akten beim Amtsgericht gemäß § 69 Abs. 3 Satz 1 und Abs. 5 Satz 2 und die Zurückverweisung der Sache an die Verwaltungsbehörde nach § 69 Abs. 5 Satz 1,

... mit der Ansetzung einer Hauptverhandlung,

... mit dem Hinweis auf die Möglichkeit, ohne Hauptverhandlung zu entscheiden (§ 72 Abs. 1 Satz 2),

... mit der Erhebung der öffentlichen Klage,

… mit der Eröffnung des Hauptverfahrens,

… mit einem Strafbefehl oder eine andere dem Urteil entsprechende Entscheidung.

Alle diese Maßnahmen halten also den Lauf der Verjährungsfrist an. In Zweifelsfällen sollte ein Rechtsanwalt konsultiert werden, weil die Berechnung der Verjährung im Einzelfall sehr kompliziert sein kann und ohne Akteneinsicht meistens sowieso nicht zu bewerkstelligen sein wird.

Die Verjährung des Bußgeldbescheides

Stimmt es, dass die Verjährungsfrist von Taten, die zu einem Bußgeld führen, 3 Monate beträgt?

Das Straßenverkehrsgesetz (StVG) z. B. sagt:

Die Frist der Verfolgungsverjährung beträgt bei Ordnungswidrigkeiten nach § 24 drei Monate, solange wegen der Handlung weder ein Bußgeldbescheid ergangen noch öffentliche Klage erhoben ist, danach sechs Monate.

Ausnahme der Verjährungsfrist

Für Fahrer, die alkoholisiert am Steuer gefasst wurden, sieht das StVG eine Ausnahme vor.

Die Dreimonatsfrist gilt nicht für Verstöße gegen die 0,5 Promille- Grenze gemäß § 24 a StVG. Für diese Fälle gilt nach § 31 Absatz 2 Nr. 2 OwiG eine Verjährungsfrist von schon zwei Jahren.

Brief vom Ordnungsamt

Bei einem Verstoß gegen Verkehrsrecht und der StVO wird, je nach Vorwurf (Regelung in der Bußgeldtabelle) ein Bußgeldverfahren eingeleitet. Der Bußgeldbescheid muss dem Betroffenen innerhalb von 3 Monaten nach dem Tatzeitpunkt zugehen. Ansonsten gilt der Vorwurf als verjährt.

In einigen Fällen erhält der Betroffene wie oben erwähnt vor dem Bußgeldbescheid einen Anhörungsbogen. Geschieht das nicht rechtzeitig, kann ein Bußgeldbescheid aufgrund der Verjährung der Ordnungswidrigkeit als gegenstandslos betrachtet werden. Wie bereits erwähnt wird dies in Zweifelsfällen nur ein versierter Rechtsanwalt sicher entscheiden können.

Wiedereinsetzung in die Einspruchsfrist

Falls man zum Zeitpunkt der Zustellung des Bußgeldbescheids nicht zu Hause war, und somit die Einspruchsfrist ohne Verschulden verpasst hat, kann man eine sog. „Wiedereinsetzung in den vorherigen Stand" beantragen. Das heißt, wegen entschuldbarer Fristversäumung wird man trotz abgelaufener Frist so behandelt als wäre die Frist noch nicht abgelaufen.

Wiedereinsetzung kann man jedoch nicht beantragen, wenn man nicht dafür Sorge getragen hat, innerhalb 1 Woche von im Briefkasten zugestellten Briefen Kenntnis zu erlangen.

Bei längerem Fernbleiben von zuhause ist man also in eigenem Interesse gut beraten, einen Nachsendeantrag zu stellen oder besser, eine Vertrauensperson mit der Durchsicht des Briefkastens zu beauftragen.

Allerdings:

Steht der eigene Namen nicht auf dem Briefkasten oder ist kein Briefkasten vorhanden, kann auch nicht durch den Postzusteller zugestellt werden.

Hat der Empfänger einen Briefkasten, muss er ihn regelmäßig einsehen, will er nicht das Risiko des Verlustes des oben erwähnten Einspruchsrechts eingehen. Mit dem Einwurf eines Schreibens in den Briefkasten gilt sein Inhalt nach deutschem Recht dem Empfänger zugegangen. Deshalb vermerkt der Postzusteller auch intern den Einwurf eines entsprechenden Schreibens im Briefkasten.

Bußgeldbescheide müssen enthalten:

- Genaue Angabe der Person und möglicher Nebenbeteiligter

- Name und Anschrift des Verteidigers, sofern die Verwaltungsbehörde davon Kenntnis gesetzt hat

- Genaue Bezeichnung des Vorwurfs mit Ort und Zeit

- Gesetzliche Merkmale der Ordnungswidrigkeit sowie die eingesetzten Bußgeldvorschriften

- Wichtigste Beweismittel wie etwa Zeugen, mit Name und Anschrift

- Rechtsfolgen wie Bußgeld, Punkte in Flensburg oder Fahrverbot

- Zahlungsfrist

- Bankverbindung oder sonstiger Zahlungsort

- Hinweis auf die Möglichkeit von Stundung oder Ratenzahlung

- Hinweis auf die Möglichkeit der Anordnung von Erzwingungshaft, wenn innerhalb der definierten Frist (normalerweise zwei Wochen nach der Zustellung vom Bußgeldbescheid) keine Zahlung oder Mitteilung über die Zahlungsunfähigkeit bei der zuständigen Behörde eingegangen ist.

Form des Bußgeldbescheides

Der Bußgeldbescheid muss entgegen landläufiger Meinung nicht unterschrieben sein. Ein Computerausdruck reicht völlig aus.

Im Straßenverkehrsrecht gilt zudem: Der Bußgeldbescheid wird an den Halter des Fahrzeugs geschickt, der nicht zwingend der Fahrer gewesen sein muss. Der Halter kann im Anhörungsbogen den Fahrer benennen, wenn er selbst nicht der Schuldige ist.

Die Behörde wird dann weiter ermitteln, wenn der Halter bestreitet, der Fahrer gewesen zu sein und gleichzeitig angibt, den richtigen Fahrer aber nicht benennen zu können, weil er ihm unbekannt sei (z.B. weil er längere Zeit abwesend war und mehrere Personen das Fahrzeug derweil benutzen durften). Der Sachverhalt muss dann der Behörde mitgeteilt werden.

Das Bußgeld sollte nicht ohne eine genaue Prüfung bezahlt werden. Sobald die Zahlung erfolgt ist, ist der Bußgeldbescheid rechtskräftig. Es sind dann keine Mittel zum Einspruch zulässig. Das Bußgeldverfahren ist abgeschlossen.

Rechtskraft des Bußgeldbescheides

Spätestens nach der Einspruchsfrist, also zwei Wochen nach der Zustellung, ist der Bußgeldbescheid rechtskräftig, und das Bußgeldverfahren ist abgeschlossen.

Rechtsgültigkeit erhält der Bescheid auch bei Zahlung, selbst wenn dies bereits früher geschehen ist. Ab diesem Zeitpunkt sind keine Rechtsmittel gegen den Bußgeldbescheid mehr gegeben.

Ist jedoch Einspruch eingelegt worden, kommt es zu einem Verfahren vor Gericht, falls der Einspruch nicht zurückgezogen wird oder die Behörden das Verfahren letztlich einstellt.

Der Ablauf eines Bußgeldverfahrens nach Gesetz über Ordnungswidrigkeiten (OWiG)

- Erhalt des Anhörungsbogens.

- Die Zustellung des Bußgeldbescheids selbst erfolgt per Post.

- Der Briefträger vermerkt in der sogenannten PZU (Postzustellungsurkunde) das Datum der Auslieferung des Briefes.

- Ab Zustellung (Postvermerk) gilt für Betroffene eine Einspruchsfrist von zwei Wochen.

3.

HAUSDURCHSUCHUNG

Eine Durchsuchung der Wohnung ist ein schwerer Eingriff in das Grundrecht der Unverletzlichkeit der Wohnung. Rechtsgrundlage für eine Durchsuchung im Rahmen der Strafverfolgung ist immer die Strafprozessordnung (StPO), § 102 bis § 110.

Die Durchsuchung dient folgenden Zwecken:

- der Ergreifung eines Täters oder des Teilnehmers einer Straftat (Ergreifungsdurchsuchung),

- dem Finden von Beweismitteln (Ermittlungsdurchsuchung),

- der Beschlagnahme von sog. Verfalls- oder Einziehungsgegenständen (vgl. § 111b Abs. 4 StPO).

Das Ergreifen bezeichnet dabei jede zulässige Festnahme, gleich aufgrund welcher Rechtsgrundlage (z. B. § 81, § 112, § 127, § 230 Abs. 2 oder § 457 StPO).*

Wer sich schon an der Wohnungstür so verhält, wie nachfolgend beschrieben, zeigt, dass er sich nicht überrumpeln lässt und vermittelt den Eindruck, die eigenen Rechte genau zu kennen. Außerdem beeinflusst man eventuell die Beamten bei der folgenden Durchsuchung vorsichtiger zu Werke zu gehen und nicht versehentlich gegen gesetzliche Regelungen zu verstoßen.*

Es klingelt an der Tür ... was nun?

a) Tür öffnen

b) Keinen Widerstand leisten

c) Höflich bleiben

d) Manchmal ist die Durchsuchung von einem Staatsanwalt begleitet. Die Beamten werden bewusst forsch auftreten, um einzuschüchtern

e) Das Recht zur Dokumentation der Durchsuchung via Film-, Tonaufnahmen und/oder Fotografie steht dem Betroffenen zu. Die an der Durchsuchung beteiligten Beamten sind sog. „relative Personen der Zeitgeschichte" und dürfen deshalb nach § 23 Abs. 1 Nr. 1 KUrhG gefilmt/fotografiert werden (AG Rinteln, 20 Cs 406 Js 3653/08 (201/08)). Aber Vorsicht: Die Aufnahmen dürfen nicht ohne weiteres online verbreitet werden.

f) Bei dem Eintreffen der ermittelnden Personen, also beispielsweise Staatsanwaltschaft, Steuer und Zoll sowie Polizei, sind ohne jede Verzögerung ein Anwalt und gut erreichbare Vertrauenspersonen anzurufen, damit sie während der Durchsuchung als Zeugen zugegen sind.

g) Der Telefonkontakt zum Anwalt darf von der Polizei nicht untersagt werden. (§ 137 StPO). Der Zeitpunkt des Anrufes darf nicht beschränkt werden.

h) Unzulässig sind solche Maßnahmen, die den Durchsuchungserfolg gefährden.

i) Bei der Durchsuchung Deiner Räume bleibt er/sie Inhaber des Hausrechts. Er/sie hat ein Recht auf Anwesenheit bei der Durchführung der Durchsuchung.

Beachte

1. Zum Tatvorwurf immer schweigen, es sei denn, nach Absprache mit dem Rechtsanwalt wird eine andere Entscheidung getroffen

2. Den Durchsuchungsbeschluss noch auf der Türschwelle zeigen lassen und ihn ruhig und genau durchlesen. Den Beamten und alle begleitenden Personen bitten, solange zu warten.

3. Eine Kopie/Durchschrift des Beschlusses verlangen.

4. Den Durchsuchungsleiter benennen lassen und den Namen, Dienstgrad und Dienststelle notieren.

5. Achtung:
a) Ist der Beschluss von einem Richter unterschrieben?

b) Entgegen landläufiger Meinung, muss der Durchsuchungsbefehl **NICHT** von einem Richter unterschrieben sein.

Nur das Original muss unterschrieben sein und liegt im Regelfall in der Akte bei der Behörde. Denn die Behörde wird das Original des Beschlusses nicht aus der Hand geben. Dieses Original muss aber als Abschrift oder Kopie vorliegen und eine Behörde muss beglaubigt haben, dass es eine Abschrift oder Kopie des Originals ist. Also letztlich muss nur die Unterschrift des ausführenden Justizangestellten vorhanden sein, der im Gericht von dem Original die Abschrift oder Kopie gemacht hat. Damit bestätigt dieser Angestellte, dass er die Kopie vom unterschriebenen Original „ausgefertigt" hat.

Besonderheit

Bei „Gefahr im Verzug" gibt es keinen Durchsuchungsbeschluss. Die Tatsachen, welche die „Gefahr im Verzug" begründen, sollen aber dem Betroffenen mitgeteilt werden. Und zwar mit folgenden Angaben:

Name, Dienstbezeichnung und Dienstnummer des Einsatzleiters und vor allem des körperlich direkt durchführenden Beamten/Personals (Wichtig für eine eventuelle Schadensersatzklage).

6. Auf welchen Namen und welche Adresse ist der Beschluss ausgestellt?

7. Welche Räumlichkeiten sollen durchsucht werden? Alle Räumlichkeiten, also auch Fahrzeuge und Nebengebäude, müssen schriftlich aufgeführt sein. Nur sie dürfen durchsucht werden.

8. Wie lautet der Vorwurf, beziehungsweise der Verdacht?

9. Stehen noch weitere Namen auf dem Durchsuchungsbeschluss?

10. Was soll gesucht werden?

11. Gibt es einen Haftbefehl?

12. Widerspruch gegen die Durchsuchung einlegen und diesen schriftlich protokollieren und unterschreiben lassen.

13. Immer zum Tatvorwurf schweigen!

11. Zeugen, die zur Beobachtung der Hausdurchsuchung vom Beschuldigten gerufen wurden, sollten ebenfalls gegenüber den durchsuchenden Beamten schweigen.

12. Es ist darauf zu bestehen, dass nur in Anwesenheit des Beschuldigten oder seines Vertreters durchsucht wird (also ein Raum nach dem anderen, nicht alle gleichzeitig):

a) Durchsucht werden dürfen nur die im Durchsuchungsbeschluss genannten Raume oder Fahrzeuge oder Nebengebäude.

b) Verlange die Versiegelung der beschlagnahmten Papiere und Notizen in Deiner Gegenwart. Denn nur der Staatsanwalt darf vor Ort lesen.

c) Es besteht keine Mitwirkungspflicht bei der Durchsuchung, etwa den Zugang zu gesuchten Gegenstanden und Dokumenten zu ermöglichen. Allerdings kann man den Zugriff des Durchsuchungspersonals auf die gesuchten Daten oder Gegenstände nicht verhindern. Um Schaden zu vermeiden sollte man also den Zugang kooperativ mitgestalten.

16. Während der Hausdurchsuchung gibt es keine offizielle Vernehmung. Trotzdem kann jede Äußerungen später gegen einen verwendet werden. Von daher gilt, sich auf kein noch so nebensächlich erscheinendes Gespräch einzulassen. Alles wird beobachtet werden, um

anhand von Handlungen, Mimik und Gestik zu erkennen, ob man etwas versteckt oder verbirgt. Es kann sogar extra jemand nur dafür abgestellt sein. Auch, um die Gefühlslage des Betroffenen zu analysieren, also daraus Schlüsse für Soziogramme ziehen zu können.

17. Als Beschuldigter hat man das Recht zu schweigen! Die durchführenden Beamten müssen zu Beginn über dieses Recht aufklären.

18. Grundsätzlich schweigen während der Durchsuchung!

19. Ein Telefonat muss gestattet werden. Man sollte versuchen durchzusetzen, dass die Durchsuchung erst in Gegenwart des eigenen Rechtsanwaltes begonnen wird.

20. Der Anwalt kann schon am Telefon mit dem verantwortlichen Beamten Details klären, z. B.

sich den Tatvorwurf nennen lassen und erklären, dass der Betroffene zum Tatvorwurf keine Stellungnahme abgeben wird.

21. Alles was mitgenommen wird, sollte präzise mit Titel, Farbe, Größe, Fundort aufgeschrieben werden, damit nichts verwechselt oder hinzugefügt werden kann. Auch wenn nichts mitgenommen wird, sollte dies im Protokoll der Durchsuchung erfasst werden.

22. Im Durchsuchungsprotokoll ist klar zu kennzeichnen „Einverständnis **nein**."
Das muss im Vordruck vorhanden sein. Anderenfalls auf den Eintrag bestehen.

23. Keine persönliche Unterschrift unter einem Dokument leisten: Nie.

24. Die Polizei muss eine Durchschrift des Durchsuchungsprotokolls aushändigen, indem die

beschlagnahmten Dinge genauestens aufgelistet sein müssen (Kontrolle in aller Ruhe und Genauigkeit) Die Beamten und die von ihnen mitgebrachten Zeugen MÜSSEN unterschreiben. DER BETROFFENE NICHT. Auch wenn nichts beschlagnahmt wurde, muss das schriftlich bestätigt werden.

25. Tipp: Es ist nicht auszuschließen das Abhöranlagen angebracht worden sind.

<u>Im Anschluss an eine Hausdurchsuchung:</u>

Falls noch nicht getan, jetzt den Anwalt informieren und mit ihm die nächsten Schritte abstimmen. Unmittelbar nach der Durchsuchung sollte ein Gedächtnisprotokoll zu folgenden Punkten angefertigt werden:

a)   Datum, Uhrzeit
b)   Anzahl der Beamten, Zeug/innen und ggf. der Staatsanwaltschaft

c) Einheit, Namen der Beamten soweit bekannt

d) Bin ich über mein Schweigerecht aufgeklärt worden?

e) Ablauf mit Zeiten und Dialog

f) Was haben sie gesucht?

g) Was haben sie mitgenommen?

h) Wie haben sie sich verhalten?

i) Konntest du deine Rechte wahrnehmen?

j) Besonders wichtig wird das Gedächtnisprotokoll, wenn du keinen anwaltlichen Beistand hattest und Du Deine/n Anwält/in noch informieren musst.

k) Da mit der Zeit kleine Details im Gedächtnis verblassen, ist es sinnvoll sie zeitnah (unmittelbar) niederzuschreiben. Ggf. sollte man sich Notizen schon während der Durchsuchung machen

l) Schadenbilanz (immer mit Fotodokumentation)

Checkliste

1. Ruhig bleiben.

2. Einen guten Bekannten/Nachbarn anrufen und bitten, als Zeuge zu erscheinen, wenn sonst keine Vertrauensperson anwesend ist.

3. Frage 1 an die Beamten: Gegen WEN richtet sich die Durchsuchung?

4. Frage 2 an die Beamten: Aus WELCHEM GRUND erfolgt die Durchsuchung?

5. Frage 3 an die Beamten: WER ist der Einsatzleiter und wie sind seine Funktionsbezeichnung und Dienstnummer?

6. Eigenen Rechtsanwalt anrufen oder Rechtsanwaltsnotdienst.

7. Durchsuchungsbeschluss und Kopie für sich selbst verlangen

8. Der Durchsuchung ausdrücklich widersprechen und die Protokollierung des Widerspruchs verlangen

9. Verlangen, dass nur die im Durchsuchungsbeschluss genannten oder dem Betroffenen gehörenden Räume im eigenen Beisein durchsucht werden (also hintereinander und nicht gleichzeitig)

10. Niemals andere Angaben machen als Name, Geburtstag, Geburtsort, Wohnort

11. Versiegelung der beschlagnahmten Dokumente verlangen

12. Kontrollieren, ob im Protokoll der Durchsuchung alle beschlagnahmten Gegenstände aufgeführt sind und die Beamten unterschrieben haben

13. Nach der Durchsuchung ein Gedächtnisprotokoll fertigen.

4.

Ordnungswidrigkeit

Eine Ordnungswidrigkeit ist eine geringfügige Verletzung von bestimmten Rechtsregeln, für die das Gesetz eine Geldbuße vorsieht (§ 1 Abs. 1 des Gesetzes über Ordnungswidrigkeiten (OWiG)).

Das gilt überwiegend für leichte Fälle der Gefährdung oder Beeinträchtigung von Rechtsgütern anderer Personen (z. B. Verstöße gegen die Straßenverkehrsordnung), aber auch für Fälle des Verstoßes gegen Verwaltungsvorschriften (z. B. die Verletzung einer Meldepflicht).

Die Verfolgung liegt im sog. Pflichtgemäßen Ermessen der Verwaltungsbehörde.

Als Richtlinien für Verkehrsordnungswidrigkeiten gilt ein bundeseinheitlicher Bußgeldkatalog, in dem auch die Geldbußen für Ordnungswidrigkeiten nachzulesen sind.

Exkurs: Existiert das Gesetz über Ordnungswidrigkeiten noch?

Immer wieder taucht die Behauptung in einigen Kreisen unserer Gesellschaft auf, dass das Ordnungswidrigkeitengesetz (OWiG) abgeschafft sei und deshalb entsprechende Bescheide ignoriert werden dürften.

Diese Behauptung über die Abschaffung des Gesetzes besagt sinngemäß, dass das Ordnungswidrigkeitengesetz am 23. November 2007 durch das Zweite Gesetz über die Bereinigung von Bundesrecht im Zuständigkeitsbereich des Bundesministeriums der Justiz außer Kraft gesetzt worden sei. Tatsächlich lautet Artikel 57 des Gesetzes:

Aufhebung des Einführungsgesetzes zum Gesetz über Ordnungswidrigkeiten (454-2)

Das Einführungsgesetz zum Gesetz über Ordnungswidrigkeiten vom 24. Mai 1968 (BGBl. I S.

503), zuletzt geändert durch Artikel 25 des Gesetzes vom 13. Dezember 2001 (BGBl. I S. 3574), wird aufgehoben.

Merke: Das Einführungsgesetz dazu ist aufgehoben, nicht das Ordnungswidrigkeitengesetz selbst.

Auch wird behauptet, Gesetze gelten nur, wenn der Bereich benannt sei, in dem sie gelten sollen. Auch das ist falsch. Ein Gesetz muss keine Angaben zu seinem Geltungsbereich enthalten. Das wäre widersinnig, denn das Gesetz gilt überall dort, wo der Gesetzgeber regiert. Kommunale Vorschriften gelten also in der jeweiligen Kommune (z. B. Satzungen), Landesgesetze im jeweiligen Bundesland und Bundesgesetze und Verordnungen in der gesamten Bundesrepublik.

Auch ist die These aufgestellt worden, dass es kein Gesetz ohne ein Einführungsgesetz geben könne. Das ist falsch. Ein Gesetz wird durch Beschluss des Bundestags und ggf. des Bundesrats zum Gesetz und tritt mit Veröffentlichung im jeweiligen Gesetzblatt oder zu dem im Gesetz genannten späteren Zeitpunkt in Kraft.

Anhörungsbogen

Jedes Verfahren beginnt mit der Anhörung des Betroffenen. Dies ist ein Rechtsgrundsatz des öffentlichen Rechts, die Anhörung des Betroffenen vor dem Erlass einer ihm negativen Entscheidung. Ein Mittel neben der persönlichen Anhörung ist die schriftliche Anhörung. Sie erfolgt meistens mittels eines sog. Anhörungsbogens. Der Anhörungsbogen wird nicht von der Staatsanwaltschaft erstellt, sondern von den Beamten der zuständigen Bußgeldbehörde unter Berücksichtigung des OWiG.

Niemand ist als Betroffener in dieser Anhörung zur Aussage verpflichtet. Das Anhörungsverfahren sollte vielmehr als Chance gesehen werden, entlastende Argumente vorzubringen oder auf Details hinzuweisen, die der Behörde nicht bekannt sind.

Weil der Betroffene sich gegebenenfalls selbst belasten könnte, ist jedoch in schwer einschätzbaren Verfahren vorher Rechtsrat bei einem spezialisierten Rechtsanwalt einzuholen. Denn der Rechtsanwalt wird zuerst Akteneinsicht nehmen und kann danach beurteilen, ob es sinnvoll ist, im Anhörungsverfahren Angaben zu machen. Sowieso gilt hier, ggf. bei der Behörde Fristen zur Stellungnahme verlängern zu lassen, weil meistens enge Fristen für die Stellungnahme gesetzt werden (wodurch Druck auf den Bürger ausgebt werden soll).

Ablauf eines Bußgeldverfahrens

- Anhörungsbogen

- Ermittlung der Behörden – Aufklärung des Sachverhaltes, zum Beispiel durch Verdächtigen- und/oder Zeugenbefragung.

- Bußgeldbescheid oder Verfahrenseinstellung.

- Bußgeldbescheid wird bezahlt und damit ist das Bußgeldverfahren ist abgeschlossen.

- Oder alternativ: Einspruch einlegen.

Hat der Einspruch Erfolg, wird das Verfahren beendet, andernfalls wird es vor Gericht fortgesetzt.

Mögliche Gebühren- oder Verwaltungskosten

Eine generelle Kostenangabe gibt es nicht.

Einige Kosten treten doch immer wieder auf. Die Angaben hier sind ca., können sich unterscheiden und sind zum jeweiligen Zeitpunkt zu aktualisieren.

Auslagen und Gebühren für den Bußgeldbescheid ca. 30 Euro.

Akteneinsicht 12 Euro

Gutachten können mehrere hundert Euro teuer sein.

Bußgeldverfahren vor Amtsgericht

Zusätzliche Kosten, etwa 10 Prozent des Bußgelds, mindestens aber 40 Euro, fallen an, wenn es durch den Einspruch zu einer Gerichtsverhandlung kommt.

Hinweis:
Eine Rechtsschutzversicherung (Strafrecht) deckt die meisten dieser Kosten ab!

5.

Polizeikontrolle

Die Polizei handelt auf der Rechtsgrundlage des Strafgesetzbuches (StGB), der Strafprozessordnung (StPO) und der einzelnen Landesgesetze über die öffentliche Sicherheit (Polizeirecht).

Die Polizeibehörden dürfen durch ihre Vertreter, z. B. Polizeibeamte auf der Straße, Folgendes tun:

Die Identität feststellen. Das heißt, ein Ausweisdokument verlangen. Die Polizei muss aber erklären, warum die Kontrolle stattfindet. Deshalb: Immer nach der Rechtsgrundlage fragen!

Wann darf die Polizei ohne Grund Personen anhalten und befragen?

Eigentlich gar nicht. Die Polizei muss immer einen Grund benennen, wenn sie Bürger kontrolliert.

Welche Fragen dürfen die Beamten stellen?

Bei einer rein präventiven (einer Gefahr vorbeugenden) Personenkontrolle dürfen die Beamten zunächst einmal nur die Identität des Befragten feststellen.

Das heißt, sie dürfen den Namen, Geburtstag und -ort, die Wohnanschrift und die Staatsangehörigkeit erfragen und sich den Ausweis zeigen lassen (einen Ausweis dabei haben muss man als deutscher Staatsbürger übrigens nicht. Ausnahmen regeln sich nach dem Personenausweisgesetz und anderen Spezialvorschriften wie z. B. dem Gesetz zur Bekämpfung von Schwarzarbeit oder waffenrechtlichen Vorschriften. Sportschützen und Jäger z. B. müssen einen amtlichen Ausweis mitführen, wenn sie Schusswaffen transportieren).

Nach welchen Kriterien darf die Polizei Personen für eine zufällige Kontrolle auswählen?

Diese Frage wird immer wieder diskutiert. Selbst wenn die Polizei unter bestimmten Voraussetzungen „zufällige" Kontrollen durchführt, muss sie die Auswahl einer einzelnen Person im Zweifelsfall rechtfertigen können. Es reicht als Begründung nicht aus, dass man eine Äußerlichkeit erfüllt, beispielweise „kurze Haare" habe. Allerdings ist dieses Thema überwiegend rein akademischer Natur, weil die Beamten vor Ort die Kontrolle durchführen werden, ob man nun will oder nicht. Erst nachträglich könnte man deren Rechtswidrigkeit gerichtlich feststellen lassen, wenn man zu Recht meint, nicht hätte kontrolliert werden zu dürfen.

Darf die Polizei Personen durchsuchen und untersuchen?

Wir unterscheiden die Durchsuchung von der Untersuchung. Durchsuchung findet außerhalb des

Körpers statt (Taschen, Behältnisse etc.), Untersuchungen am und im Körper (Blutentnahme etc.). Die Untersuchung ist ohne Zustimmung des Betroffenen nur mit einem richterlichen Beschluss zulässig. Der Betroffene muss aber klar zum Ausdruck bringen, dass er der Untersuchung nicht zustimmt. Schweigen reicht nicht!

Die Antwort könnte also lauten: „Nein, das lassen sie. Ich bin damit nicht einverstanden." Jetzt darf der Beamte nicht körperlich **unter**suchen, allerdings darf er **durch**suchen (das heißt. Taschen, Behältnissen, Kleidung etc.).

Nun zu speziellen Fragen:

1. Kontrolle als Verdächtiger nach § 102 StPO

Hierfür musst jemand einer Straftat verdächtigt werden. Verdächtiger ist man nur, wenn tatsächliche Anhaltspunkte oder Tatsachen vorliegen, die eine Straftat als wahrscheinlich erscheinen lassen. Es reicht der persönliche Verdacht des Polizisten.

2. Kontrolle einer anderen (unverdächtigen) Person nach § 103 StPO

Dritte (unverdächtige) Personen darf die Polizei nur durchsuchen, wenn Tatsachen vorliegen, wonach dies zur Ergreifung eines Verdächtigen oder zur Spurensicherung erforderlich ist.

3. Verkehrskontrolle

Nach § 36 Absatz 5 Satz 4 StVO ist der Fahrer verpflichtet anzuhalten, seine Papiere vorzuzeigen, auszusteigen und die Kontrolle des Fahrzeug-Zustandes zu ermöglichen (von außen).

Das darf die Polizei

a) Zum Anhalten auffordern.

b) Auffordern, das Fahrzeug zu verlassen. (Jetzt unbedingt nach dem Grund und der Rechtsgrundlage fragen, um sich zu vergewissern, auf welcher Grundlage die Anordnung erfolgt.)

c) Die Frage nach dem Fahrziel muss nicht beantwortet werden. Aber: Zielloses Herumfahren ist eine Ordnungswidrigkeit.

d) Ausweis, Führerschein und Fahrzeugschein verlangen.

e) Kontrolle ob Warndreieck, Warnweste und Verbandskasten vorhanden sind. Wenn man diese Gegenstände in der Fahrgastzelle aufhebt, dann besteht kein Grund, den Kofferraum zu öffnen. Das wäre dann keine Kontrolle mehr, sondern eine Durchsuchung.

Das darf die Polizei nicht (betrifft normale Verkehrskontrolle)

a) Dein Fahrzeug durchsuchen
Eine Durchsuchung muss begründet sein (etwa Gefahr im Verzug). Eine Durchsuchung gehört nicht zur allgemeinen Verkehrskontrolle, sondern gehört in den Bereich der Strafverfolgung.

Für sie ist ein richterlicher Durchsuchungsbeschluss notwendig.

b) Rombergtest: In die Augen leuchten, Anweisungen geben, auf einer Linie zu laufen oder die Nase zu berühren ... kann nur mit Zustimmung des Betroffenen erfolgen.
Aber Achtung: Das kann eine Mitnahme zur Wache zur Folge haben.

Auch hier gilt wieder:

Man darf die Zustimmung verweigern. (Schweigen gilt als Zustimmung!) Will ein Polizist in die Augen leuchten, kann man dem widersprechen:

„Nein, das ist kein Bestandteil einer allgemeinen Verkehrskontrolle nach § 36 Absatz 5 StVO. Dafür benötigen sie meine Zustimmung. Diese verweigere ich ihnen."

4. Körperliche Untersuchung nach § 81a StPO

Blutabnahme, Urin- und Schweißtest sind schwere Eingriffe in die körperliche Unversehrtheit. Sie dürfe nur mit Zustimmung eines Richters (Blutentnahme nur durch einen Arzt) vorgenommen werden.

Ausnahme: Bei Gefahr im Verzug (in ganz seltenen Fällen möglich), wenn es notwendig ist, dass ein Polizist unmittelbar reagieren muss, bedarf es keiner richterlichen Anordnung. Auf jeden Fall müssen tatsächliche Hinweise vorliegen.

Es gilt wieder das Recht auf Verweigerung: „Nein, das will ich nicht."

Die Maßnahme darf dann erst auf richterliche Anordnung erfolgen.

Möchte ein Polizist eine der Maßnahmen einer körperlichen Untersuchung ohne Zustimmung durchführen, kann man entgegnen: „Nein, ich stimme nicht zu, damit machen sie sich gem. § 340 StGB der Körperverletzung im Amt strafbar."

5. Aussagen verweigern

Ein Polizist kann in einer Polizeikontrolle versuchen, durch eine Befragung Informationen zu erlangen. Dem kann man entgegenwirken:

„Hierzu mache ich keine Angaben." Am besten ist wiederum, zu schweigen und sich auf die Angaben seiner Personalien zu beschränken.

HINWEIS: Sagt man nichts, so kann später auch nichts gegen einen verwendet werden.

Man darf den Dienstgrad und Name, bzw. je nach Landesgesetz die Dienstnummer des durchführenden, bzw. anordnenden Beamten verlangen.

Mit diesen Daten ggf. Strafanzeige und Strafantrag, bzw. Dienstaufsichtsbeschwerde stellen, falls der Beamte gegen Rechte des Betroffenen verstoßen hat.

6. Was passiert bei: „Habe ich nicht mit!"

(Achtung: Buß- oder Verwarngelder können sich aktuell ändern)

Keine Ausweispapiere: 10,-- €

Kein Warndreieck: 15,-- €

Kein Verbandskasten: 5,-- €,

Kein Führerschein: 10,-- €

Keine KFZ Papiere: 10.-- €

Das Warndreieck kann auch in der Fahrgastzelle des Autos mitgeführt werden. In diesem Fall muss man den Kofferraum nicht öffnen, wenn danach gefragt wird. Das gilt auch für den Verbandskasten.

Muss ich den Kofferraum öffnen? Nur mit Durchsuchungsbeschluss (bzw. bei Gefahr im Verzug auch ohne Beschluss).

7. Checkliste Polizeikontrolle im Straßenverkehr

1. Ruhig bleiben

2. Motor abstellen und Hände auf das Lenkrad legen

3. Nur nach Aufforderung der Beamten aussteigen, dann es aber auch tun
   Darf ich nach dem Aussteigen mein Fahrzeug verschließen? Ja

4. Nach dem Grund der Kontrolle fragen

5. Nur Ausweis, Fahrzeugschein und Zulassungspapiere zeigen

6. Fragen nur zur eigenen Person beantworten (Namen, Wohnort, Geburtsdatum)

7. Weil Warndreieck, Verbandskasten und Warnweste im Türseitenfach oder im sonstigen

Fahrzeug-Innenraum liegen, muss der Kofferraum nicht geöffnet werden

8. Das Handy darf nur wegen des Verdachts des Einsatzes einer sog. Blitzer-App kontrolliert werden (die dann sogar gelöscht werden darf)

9. Durchsuchungen im Auto fallen als Hausdurchsuchung regelmäßig unter den Vorbehalt eines Durchsuchungsbeschlusses. Nur wenn die Polizei meint, es läge ein Anfangsverdacht einer Straftat vor (z.B. Drogenbesitz, Waffenbesitz), darf auch ohne richterlichen Beschluss z. B. in den Kofferraum gesehen werden.

10. Der Aufforderung zu einem Alkoholtest muss man nicht nachkommen (Allerdings kann die Polizei dann den Betroffenen mit zur Wache nehmen, um dort die Blutprobe oder ähnliches durch einen Arzt vornehmen zu lassen).

11. Das Fahrzeug darf nur von außen begutachtet werden (Lichtfunktion etc.)

6.

Richterliche Unterschrift

Handlungsanweisungen des Richters gegenüber dem Bürger müssen unterschrieben sein. Diese Unterschrift unter seiner Handlungsanweisung ist wegen der sog. Schriftform vorgeschrieben.

Wie an anderer Stelle erwähnt, reicht es aber, wenn die Unterschrift auf dem Original ist. Weil keine Behörde eine Mehrzahl von Originalen anfertigen wird (wozu auch?), muss sich der Bürger damit begnügen, dass er höchstens durch eine Akteneinsicht dieses Original zu Gesicht bekäme.

Weil das Original, wie alle Schreiben, nur einmal vorhanden ist, kann dem eingetragenen Empfänger also nicht das Original übergeben werden. Auch Urteile erreichen in Deutschland den Verurteilten nicht mit Originalunterschrift.

Das Original bleibt immer in der Akte. Wäre es beim Betroffenen, wäre er also im Besitz des einzigen

Originals und die Behörde (Gericht, Verwaltung, Polizei) hätte kein Beweis mehr, dass es den richterlichen Beschluss wirklich gab.

Es gibt deshalb Justizangestellte (z. B. Rechtspfleger), die auf den Geschäftsstellen z. B. der Gerichte deshalb sog. Abschriften von dem Original „ausfertigen", d.h. sie drucken das Dokument neu aus. Sie unterschreiben dann darauf mit ihrer Amtsbezeichnung als Bestätigung dafür, dass ihre Abschrift vom Original stammt, also dessen textlichen Inhalt hat. Die „Abschrift" muss also nicht die Unterschrift des Richters tragen, wohl aber das Original (in der Akte). Die zu dem Betroffenen gelangende Abschrift trägt so gut wie nie die Unterschrift des Richters.

Diese „Ausfertigungen" oder umgangssprachlich Abschriften erreichen den Betroffen und andere Behörden, die beteiligt sind und für die sie bestimmt sind. Das gilt für alle Handlungen des Gerichts. Ob das Original die Unterschrift eines Richters trägt, kontrolliert der beauftragte Anwalt des Betroffenen im Rahmen der Akteneinsicht.

Urkunde, Ausfertigung, Kopie ... wo liegen die Unterschiede und welche Rechtsgültigkeit haben sie jeweils?

Urkunde z. B. Haftbefehl, Hausdurchsuchungsbeschluss, gerichtliches Urteil ist ein offizielles Dokument (Original) mit dem etwas bescheinigt wird. Benötigt eine richterliche Unterschrift (siehe oben Original).

Ausfertigung ist eine Abschrift einer Urkunde. Benötigt mindestens eine maschinelle Namensangabe (Urkundsbeamten) und den Stempel der Behörde.

Kopie ist ein maschinell angefertigtes Abbild und bedarf keiner besonderen Bestätigung.

Muss eine richterliche oder entsprechende Unterschrift auf allen der oben erwähnten Papiere stehen?

Ja, auf dem Original.

Muss einem Betroffenen dieses Original ausgehändigt werden?

Nein.

Muss eine Abschrift die persönliche Unterschrift des Richters/Staatsanwaltes tragen?

Nein. Ein Urkundsbeamter bestätigt, dass die Abschrift inhaltlich genau dem Original entspricht.

Unterschriften auf der Kopie?

Nein. Eine Kopie braucht keine Unterschrift, bzw. Beglaubigung.

Beispiel:

Einem Betroffenen wird bei der Hausdurchsuchung die Ausfertigung des Durchsuchungsbeschlusses überreicht. Die Ausfertigung trägt nur den Namen des Urkundsbeamten. Die richterliche Unterschrift fehlt. Was nun?

Das ist kein Hemmnis für die Durchsuchung, da der Urkundsbeamte mit seiner Unterschrift den Inhalt des Originals bestätigt, in dem die Gründe für die Durchsuchung festgelegt sind.

Das Original liegt in der Akte bei Gericht oder der Staatsanwaltschaft. Das Original in der Akte muss eine originale Unterschrift eines Richters tragen.

Ob das Original in der Akte vorliegt, prüft ein Anwalt bei Akteneinsicht.

7.

VERSAMMLUNGSRECHT

Das Recht zu demonstrieren ("Versammlungsfreiheit") wird durch Artikel 8 des Grundgesetzes garantiert:

(1) Alle Deutschen haben das Recht, sich ohne Anmeldung oder Erlaubnis friedlich und ohne Waffen zu versammeln.

(2) Für Versammlungen unter freiem Himmel kann dieses Recht durch Gesetz oder auf Grund eines Gesetzes beschränkt werden.

Versammlungsgesetz (VersG)

§ 1
(1) Jedermann hat das Recht, öffentliche Versammlungen und Aufzüge zu veranstalten und an solchen Veranstaltungen teilzunehmen.
(2) Dieses Recht hat nicht,

1. wer das Grundrecht der Versammlungsfreiheit gemäß Artikel 18 des Grundgesetzes verwirkt hat,
2. wer mit der Durchführung oder Teilnahme an einer solchen Veranstaltung die Ziele einer nach Artikel 21 Abs. 2 des Grundgesetzes durch das Bundesverfassungsgericht für verfassungswidrig erklärten Partei oder Teil- oder Ersatzorganisation einer Partei fördern will,
3. eine Partei, die nach Artikel 21 Abs. 2 des Grundgesetzes durch das Bundesverfassungsgericht für verfassungswidrig erklärt worden ist, oder
4. eine Vereinigung, die nach Artikel 9 Abs. 2 des Grundgesetzes verboten ist.

Verboten ist das Tragen von Waffen und von Uniformen oder Uniformteilen zur Darstellung einer politischen Gesinnung, wobei für Jugendorganisationen hinsichtlich der Uniformen eine Ausnahmegenehmigung zu erteilen ist, wenn sich die Jugendorganisation vornehmlich der Jugendpflege (beispielsweise Pfadfinder, Jugendfeuerwehr) widmet.

Ab wieviel Teilnehmern muss eine Versammlung angemeldet werden?

Ab zwei (2) Personen aufwärts sollen alle öffentlichen Aktionen beim Ordnungsamt/Polizei angemeldet werden. ACHTUNG: Eine Anmeldung bedarf keiner Genehmigung, es ist nur eine einseitige Anmeldung. Die Anmeldung muss 48 Stunden vor der ersten Ankündigung an die zuständige Behörde gehen. Eine erste Ankündigung sind Pressemitteilungen, Plakate und Flyer die zuvor zur Veranstaltung verteilt oder im Internet und anderweitig veröffentlich wurden.

Infostand

Ein Infostand ist eine „Sondernutzung" des öffentlichen Raumes, z.B. des Bürgersteiges. Dafür können nach einer städtischen Satzung Gebühren fällig werden. Diese Sondernutzung ist genehmigungspflichtig. Für diese „Sondernutzung", muss man die Genehmigung am Veranstaltungstag dabei haben und ggf. der Ordnungsbehörde vorzeigen. Dies hat nichts mit dem Demonstrationsrecht zu tun, das dadurch nicht beschnitten wird.

Üblicherweise ist das Amt für Straßennutzung / Straßenbauamt für die Genehmigung der Sondernutzung zuständig. Auskunft erhält man auch bei der Polizei.

Die Genehmigung für die öffentliche Fläche und die Sondernutzung sollte wenigstens acht Wochen vor dem Veranstaltungsdatum erfolgen, um den Behörden ausreichend Zeit zu geben, zu prüfen, ob Störungen des öffentlichen Lebens zu befürchten sind.

Die Anmeldung erfolgt durch eine formlose schriftliche Mitteilung, die der zuständigen Behörde übergeben wird. Es gibt teilweise hierfür auch Formulare, die man sich bei der Behörde holen oder im Internet downloaden kann.

Welche Pflichtangaben sind zu machen?

Veranstalter (Einzelperson oder Organisation oder Verein etc.).

Komplette Anschrift.

Ansprechpartner für die Behörden.

Der Platz, an dem die Versammlung stattfinden soll oder die Strecke, die sie zurücklegen soll. Das Ziel ist genau zu benennen. Straße mit Hausnummer.

Der Versammlungsort ist also präzise und detailliert anzugeben, damit die Behörde nicht zu weit interpretieren kann und der Versammlungsort letztendlich woanders, bzw. ungünstig platziert. Sollte der Ort abgelehnt werden, muss das begründet werden.

Zeit und Datum der Veranstaltung

Immer einen größeren Zeitraum angeben, um der Behörde eventuell nötige Planungen zu ermöglichen (Absperrungen, Polizeischutz etc.).

Das Thema der Veranstaltung

Das Thema nicht in epischer und ausführlicher Breite benennen.

Ein-Wort-Überschriften sind zu empfehlen, also Slogans oder Schlagwörter.

Etwa „Neuwahlen" oder „Meinungsfreiheit" oder „Einigkeit".

Die Versammlungsleitung

Der Versammlungsleiter trägt die Verantwortung für den Ablauf der Versammlung. Er ist Empfänger der Anmeldebestätigung und eventueller Auflagen der Behörde. Er ist für die gesamte Zeit der Ansprechpartner für Polizei und andere Behörden. Die Person der Versammlungsleitung muss volljährig und während der gesamten Veranstaltung anwesend sein. Es empfiehlt sich, einen Stellvertreter anzugeben, um für alle Eventualitäten eine Alternative zu haben. Sind nur die Stellvertreter anwesend, kann die Versammlung trotzdem abgehalten werden. Pflichtangaben für den Stellvertreter sind: Vollständige Name, Geburtsdatum, Anschrift und eine Telefonnummer, unter der die Person während der Versammlung zu erreichen ist. Auch die Vertretung erhält alle notwendigen Papier von der zuständigen Behörde zugestellt.

Angaben zum Ablauf der Versammlung

Angaben zu Rednern oder sonstige spezielle Programmpunkte, Anzahl der erwarteten Teilnehmer, Begleitfahrzeuge, Lautsprechersysteme.

Es ist zu empfehlen, bei den Kundgebungsrequisiten alles Mögliche anzugeben, auch wenn man nicht weiß, ob sie tatsächlich verwendet werden. Die Polizei ist dadurch gehindert, den Einsatz von Mitteln während der Versammlung mit dem Argument zu untersagen, sie seien nicht angemeldet worden.

Teilweise (je nach Gemeinde) ist der Gebrauch von Lautsprechern an die Personenzahl (etwa 50) gebunden. Es empfiehlt sich also, mindestens diese Teilnehmerzahl anzugeben, wenn Lautsprecher eingesetzt werden sollen.

Anliefererfahrzeuge für die Materialien sind nicht anmeldpflichtig.

Versammlungen unter freiem Himmel, die nicht auf Grund dieser Einschränkungen verboten sind, müssen vom Veranstalter 48 Stunden vor Bekanntgabe angemeldet werden.

„Spontan-Demonstrationen"

Die Spontanversammlung ist eine Versammlung, die sich aus aktuellem Anlass ohne vorherige Organisation bildet. In verfassungskonformer Auslegung des § 14 Abs. 1 VersG besteht für diese Versammlungen keine Anmeldepflicht, da es keinen „Leiter" iSv. § 14 Abs. 2 VersG gibt, und sonst das

Grundrecht aus Art. 8 Abs. 1 GG für Spontanversammlungen leerliefe (BVerfGE 69, 315, 350 f. – Brokdorf).

Eine Versammlungsauflösung wegen fehlender Anmeldung (§ 15 Abs. 2 VersG) bei Spontanversammlungen ist fehlerhaft.

Unterschiede

Das Versammlungsgesetz unterscheidet a) zwischen Öffentlichen Versammlungen in geschlossenen Räumen und b) Öffentlichen Versammlungen unter freiem Himmel und Aufzügen.
Davon sind jeweils die nichtöffentlichen Versammlungen zu trennen.

Die nichtöffentliche Versammlung unter freiem Himmel ist nicht denkbar, da der Ausschluss von Personen im öffentlichen Raum so gut wie nicht möglich ist.

Bei nichtöffentlichen Versammlungen in geschlossenen Räumen wird teilweise eine parallele Anwendung des Versammlungsgesetzes (durch die Verwaltungsgerichte) oder die Anwendung des allgemeinen Gefahrenabwehrrechts befürwortet.

Spontanversammlungen müssen nicht angemeldet werden. Grundsätzlich sind staatliche Eingriffe in die Versammlungsfreiheit <u>nur aufgrund des Versammlungsgesetzes</u> und nicht über die allgemeinen Polizeigesetze (allg. Gefahrenabwehrrecht) möglich. Minusmaßnahmen (im Vergleich zur Auflösung der Versammlung) sind jedoch zulässig.

Sofortversammlung

Eine Sofortversammlung ist auch ohne Anmeldung zulässig. Sie hat keinen Veranstalter und wird aus aktuellem Anlass spontan durchgeführt.

Eilversammlung

Eine Eilversammlung darf nur angemeldet durchgeführt werden. Es gilt jedoch nicht die 48 Stunden-

Anmeldefrist. Die Anmeldefrist besteht, wird aber verkürzt. Eine Eilversammlung hat in aller Regel ein Veranstalter und der Entschluss sich zu versammeln fällt nicht direkt mit der Durchführung der Versammlung zusammen. Die Eilversammlung kann also vorbereitet werden.

Jede Spontanversammlung kann ebenso wie "normale" Demonstrationen von der Polizei aufgelöst werden, wenn dafür Voraussetzungen vorliegen.

Demonstration

Das Demonstrationsrecht ist ein Grundrecht und in Artikel 8 des Grundgesetzes niedergeschrieben. Für Versammlungen unter freiem Himmel gibt es Einschränkungen auf Grund des Versammlungsgesetzes.

Rechtlich spricht man von einer Versammlung.

Juristen unterscheiden zwischen dem Versammlungsbegriff des Grundgesetz-Artikels 8 (der nur

„Deutschen das Recht, sich friedlich und ohne Waffen zu versammeln" gewährt) und dem des Versammlungsgesetzes (welches auch Nichtdeutschen dieses Recht gewährt und außerdem auch für bewaffnete oder unfriedliche Demonstrationen gilt).

Versammlungen unter freiem Himmel müssen angemeldet werden, sind jedoch nicht genehmigungspflichtig.
Es gibt kein Versammlungsverbot, es sei die „Öffentliche Sicherheit oder Öffentliche Ordnung" ist unmittelbar bedroht. Die Anforderungen für ein Verbot sind jedoch hoch und hiergegen kann im Einstweiligen Rechtsschutzverfahren notfalls binnen Stunden vor Gericht vorgegangen werden.
Ausgenommen von der Anmeldepflicht sind kulturelle und Wahlkampfveranstaltungen.

Spontane Meinungskundgebung (einzeln)

Auch in der sog. Bannmeile zulässig.

Das heißt, jeder darf mit einem Plakat vor dem Schloss Bellevue, dem Bundestag, dem Kanzleramt, dem Reichstag, dem Landtag (oder in anderen Bannmeilen) seine Meinung kundtun. Sollten zu gleicher Zeit, unabhängig voneinander, mehrere Personen dort ihr Meinung kundtun, so ist das keine Versammlung, sondern jeweils eine einzelne spontane Meinungskundgebung, die zufällig am gleichen Tag, zur selben Zeit stattfindet. Jede einzelne dieser spontanen Meinungskundgebungen des Einzelnen kann nicht untersagt werden.

8.

Vorladung

Muss ein Beschuldigter einer polizeilichen Vorladung Folge leisten?

Nein. Ein Beschuldigter muss einer polizeilichen Vorladung keine Folge leisten.

Nur einer richterlichen oder staatsanwaltlichen Vorladung muss er nachkommen. Im Verweigerungsfall kann die polizeiliche Zwangsvorführung angeordnet werden. Die Konsequenzen aus der Verweigerung müssen aus der schriftlichen Vorladung klar und deutlich hervorgehen.

Der Wortlaut in der polizeilichen Vorladung

„…ist Ihre Vernehmung als Beschuldigter erforderlich…".

bedeutet nicht, dass es sich um eine richterliche oder staatsanwaltliche Vorladung handelt.

Hier wird nur mit der Verwendung von „erforderlich" der Eindruck einer Pflicht erweckt. Diese Pflicht besteht nicht. Es muss in keiner Weise auf die polizeiliche Vorladung reagiert werden.

Müssen Zeugen der polizeilichen Vorladung Folge leisten?

Ja!

Müssen Gutachter der polizeilichen Vorladung Folge leisten?

Auch ein Sachverständiger kann Zeuge sein und muss dann einer Vorladung als Zeuge durch die Polizei Folge leisten. Denn nach § 72 StPO gelten für den Sachverständigen die Vorschriften über Zeugen entsprechend.

Weil der als Zeuge in Betracht kommende Bürger zur Vernehmung erscheinen und wahrheitsgemäß aussagen muss, gilt dies dann auch für Sachverständige (die aber natürlich auch die hier an anderer Stelle erwähnten Zeugnisverweigerungsrechte haben).

1. Hinweis:

Nach § 68b StPO dürfen sich auch Zeugen eines Rechtsanwaltes als Beistand bedienen.

Es ist also durchaus legitim, mit einem Rechtsanwalt des Vertrauens zur Zeugenbefragung zu erscheinen.

2. Hinweis:

Vor jeder Befragung ist der als Zeuge in Betracht kommende Bürger über sein mögliches Zeugnisverweigerungsrecht zu belehren (§§ 163 Abs. 3 StPO). Allerdings findet nicht jede Befragung nach einer förmlichen Vorladung statt.

Sie kann auch schon z. B. am Tatort erfolgen oder bei sonstigen Vor-Ort-Ermittlungen der Polizei.

Dann ist es wichtig, den Polizeibeamten als erstes zu fragen, ob man als Zeuge oder Verdächtiger einer Straftat befragt werden soll. Ist das nicht ausdrücklich der Fall, soll es sich also nur um ein sog. rein informatorisches Gespräch handeln, darf dies grundsätzlich abgelehnt werden. Informatorische Gespräche dienen dazu, überhaupt erst einmal zu ergründen, ob jemand als Zeuge oder Verdächtiger einer Straftat in Betracht kommt.

Noch einmal: Für solche informatorischen Gespräche besteht keine Pflicht. Erst wenn zu Beginn ausdrücklich erklärt ist, dass es sich um eine Befragung als Zeuge handelt, besteht eine Aussagepflicht. **Dazu ist es zwingend**, dass man als Zeuge über sein Zeugnisverweigerungsrecht aufgeklärt und informiert worden ist.

Es ist ratsam, sich durch Nachfragen bei der Polizei betreffend des eigenen Zeugnisverweigerungsrechts ausreichend sachkundig zu machen.

Ist man über den Sachverhalt der Befragung unwissend, empfiehlt es sich, darauf ausdrücklich hinzuweisen und ausschließlich bei dieser Aussage zu bleiben, um nicht in etwaige Spekulationen über den Sachverhalt verwickelt zu werden.

Achtung:

Heißt es in der polizeilichen Vorladung, dass diese durch die Initiative der staatsanwaltlichen Weisung eingeleitet worden ist, bleibt es trotzdem eine polizeiliche Vorladung, die man als Beschuldigter nicht befolgen muss.

Bei einer „staatsanwaltlichen Vernehmung" (auch von Zeugen) in Diensträumen der Polizei, bei der ein Staatsanwalt überhaupt nicht anwesend ist oder lediglich vor der Vernehmung kurz telefonisch mitteilte, dass das Fragerecht vollständig an die ermittelnden Polizeibeamten übertragen ist, handelt es sich **nicht** um eine staatsanwaltliche Vernehmung. Es gelten die Regeln der polizeilichen Vernehmung. Man kann also jederzeit gehen.

Die Ermittlungsbehörden arbeiten nicht immer so, wie der Bürger glaubt.

Oberstes Gebot ist es also, genau zuzuhören, nicht zu viel zu sagen, den ordnungsmäßigen Ablauf zu kontrollieren und sich auf seine Rechte zu berufen.

Bei einer ordnungsgemäßen Vorladung durch die Staatsanwaltschaft oder das Gericht muss ein Zeuge vor einem Staatsanwalt und/oder einem Richter zum Tathergang aussagen, falls er nicht das Aussageverweigerungsrecht (wegen möglicher eigener Strafbarkeit) oder das Zeugnisverweigerungsrecht (wegen persönlicher Beziehung zum Beschuldigten) in Anspruch nehmen kann. Ein Beschuldigter kann die Aussage verweigern, sogar lügen (solange er damit nicht Dritte beschuldigt und sich dadurch strafbar macht).

Zeugen die sich weigern, zur polizeilichen Vernehmung zu erscheinen oder die dort zwar erscheinen, aber keine Aussage machen, können mit Zwang dazu gezwungen werden. Dies setzte ein eigenes

Verfahren in Gange, z. B. Erzwingungshaft.

Bei der staatsanwaltlichen Vernehmung muss ein Staatsanwalt zugegen sein. Die staatsanwaltliche Befragung kann nur durch einen Staatsanwaltes persönlich durchgeführt werden.

Das Hanseatische OLG Hamburg entschied mit Beschluss vom 17.07.2009 - <u>2 Ws 95/09</u> , dass eine staatsanwaltschaftliche Vernehmung nicht dadurch gekennzeichnet ist, dass die Ladung durch die Staatsanwaltschaft erfolgt und ein Staatsanwalt anwesend ist, sondern dass der Staatsanwalt die Vernehmung auch zu durchzuführen hat.

Demnach wird also darauf zu achten sein, dass staatsanwaltschaftliche Vernehmungen durch Fragen des Staatsanwaltes zur Sache geprägt sind, das anzufertigende Protokoll den Kopf der Staatsanwaltschaft trägt und der Staatsanwalt es auch als Verantwortlicher unterzeichnet.

Es gibt keine richterliche oder gerichtliche Vorladung in einem Ermittlungsverfahren. Zu diesem Zeitpunkt gibt es nämlich noch keinen Richter und auch noch keine Entscheidung, ob es überhaupt zu einem Strafverfahren kommt. Darüber entscheidet nach Abschluss der Ermittlungen der Staatsanwalt, der entweder bei dem zuständigen Strafgericht Anklage erhebt oder das Verfahren einstellt.

9.

Ratschläge für die Krise

In diesem Buch haben wir einen Überblick über Deine Rechte, diejenigen des Staates und seiner Vertreter und die gemeinsamen Pflichten gegeben. Überblick deshalb, weil die Vielfältigkeit der möglichen Konfrontationen und Auseinandersetzungen so unübersehbar ist, dass jede in das letzte Detail gehende Betrachtung den Rahmen eines praktischen Leitfadens sprengte. Wir haben uns deshalb darauf beschränkt, die wesentlichen Eckpunkte darzustellen, zu denen viele Irrtümer und auch viel Unwissenheit verbreitet werden.

Nun ist es nicht auszuschließen, dass der Einzelne trotz aller Ratschläge und guten Willens in das Räderwerk einer bürokratischen Strafjustiz oder eines behördlichen Verfahrens gerät. Was ist dann eigentlich aus Sicht von Praktikern zu raten, wenn das sprichwörtliche Kind in das Dickicht unüberschaubarer Gesetze, Verordnungen und Verwaltungsvorschriften gefallen ist? Hierzu von uns einige praktische Hinweise, die aus unseren persönlichen und beruflichen Erfahrungen resultieren.

Gebot Nr. 1:

Sei der emotionale Druck auch noch so stark, nur überlegtes Handeln bewahrt von nachteiligen Folgen. An verschiedenen Stellen dieses Buches wird ermahnt, rational vorzugehen und zuerst den Rechtsgrund der Repression zu erfragen und gleich danach den eigenen Rechtsanwalt zu informieren. Dies kann nicht oft genug wiederholt werden: Wie auch immer die Vertreter des Staates auftreten, Du bleibst gelassen und ruhig und sagst Nichts zur Sache, jedenfalls nicht, bis Du es mit dem Rechtsanwalt Deines Vertrauens abgestimmt hast.

Gebot Nr. 2:

Wenn die Alternative zum möglicherweise sogar tagelangen Festhalten Deiner Person Deine Aussage ist, dann schweigst Du trotzdem. Es ist eine Binsenweisheit der Strafverteidiger und Verwaltungsjuristen, dass Reden Fakten schafft, wie immer sie auch aussehen. Reden kann man jederzeit, auch später. Das Gesagte (die Rede) kann man aber nicht wieder aus der Welt schaffen. Deshalb erst denken, dann schweigen.

Gebot Nr. 3:

Gehe davon aus, dass angesichts der Komplexität der vielen Rechtsvorschriften selbst die wenigsten Polizeibehörden und Verwaltungsmitarbeiter die aktuelle Rechtslage in allen Facetten kennen. Scheue Dich nicht, nach beendeten staatlichen Maßnahmen ggf. deren Rechtmäßigkeit überprüfen zu lassen, wenn Du das Gefühl hast, irgendetwas kann nicht gestimmt haben. Dies schafft zumindest nachträgliche Genugtuung.

Gebot Nr. 4:

Sei sorgsam im Umgang mit den modernen Kommunikationsmitteln. Was nützt die beste Strategie als Beschuldigter, wenn der Staatsanwalt im Ermittlungsverfahren Belastendes bei Facebook, WhatsApp oder Twitter nachlesen kann?

Gebot Nr. 5:

Wenn rechtliche Beratung notwendig ist, braucht es einen Fachanwalt. Fachanwaltstitel gibt es für Strafrecht, Verwaltungsrecht und alle anderen relevanten Rechtsbereiche. Die Kompliziertheit unseres Rechtssystems benötigt als Antwort einen Rechtsspezialisten. Du gehst mit Bauchschmerzen ja auch nicht zum Orthopäden.

Gebot Nr. 6:

In jedem Verfahren gilt: Vor einer Reaktion Akteneinsicht beantragen. Im Strafverfahren über den

Rechtsanwalt, in Verwaltungsverfahren ggf. auch selbst, wenn die Behörde erreichbar ist. Nur wer alle Fakten kennt, weiß, wie er agieren muss oder kann.

Gebot Nr. 7:

In den Mühlen der Justiz sollte trotz allen Mitteilungsbedürfnisses zu dem Fall nur mit dem eigenen Rechtsanwalt näher gesprochen werden. Alle Rechtsanwälte können ein Lied davon singen, wie oft die Freunde und Bekannten als Zeugen vor Gericht aus Aufregung und Einschüchterung vor dem Nachdenken reden. Der Laie kann aber selten abschätzen, welche Konsequenzen seine Aussagen im Kontext des Verfahrens haben werden.

Gebot Nr. 8:

Wer schreit, hat Unrecht. So emotional die Lage auch sein mag, der Betroffene zwingt sich und seine Umgebung zur Gelassenheit. Denn emotionale Reaktionen beinhalten immer das Risiko, negative Tatsachen zu äußern oder Fakten zu schaffen, die nicht wieder aus den Akten beseitigt werden können

Gebot Nr. 9:

Jede Behörde ist an Recht und Gesetz gebunden. Jedes Anliegen des Bürgers muss intern bearbeitet und beschieden werden, wie sinnlos es auch immer erscheinen mag. Auf diesem Feld liegt die Möglichkeit, viel Zeit zu gewinnen, um sich als Betroffener auf das Wesentliche konzentrieren zu können. Beispiel aus dem alltäglichen Leben: Ist das Blitzgerät am Straßenrand richtig justiert gewesen? Hat der Beamte die vom Hersteller vorgeschriebenen Schulungen besucht? Dies alles und noch mehr ist nach entsprechenden Anträgen zu klären und schafft zeitliche Puffer.

Gebot 10:

Vertraue nicht auf die wohlmeinenden Ratschläge im Internet oder Bekanntenkreis. Dieses Heft zeigt schon an verschiedenen auf, wie viele Irrtümer nach wie vor bestehen, die sich teilweise verselbständigt haben. Sei kritisch und hinterfrage jede Entscheidung der Behörden.

Persönliche Notizen: